Anatole ANDRÉ

Le Livre d'Écriture

Recueil de **Modèles d'Écriture**, avec *Conseils aux élèves*, pouvant servir dans toutes les Écoles, et particulièrement dans celles où l'on fait usage du **Cahier unique (individuel)**.

Armand COLIN & Cⁱᵉ, 5, rue de Mézières, Paris.

LE

Livre d'Écriture

Recueil de **Modèles d'Écriture,** avec *Conseils aux élèves,*
pouvant servir dans toutes les Écoles, et particulièrement dans celles où
l'on fait usage du **Cahier unique (individuel).**

PAR

Anatole ANDRÉ

Ancien élève de l'École normale primaire supérieure de Saint-Cloud.
Inspecteur de l'Instruction primaire. Officier d'académie.

Armand **COLIN** & Cie, Éditeurs, 5, rue de Mézières

AVERTISSEMENT

La page d'écriture doit trouver place sur le *Cahier unique* (journalier); or, le *cahier unique* ne contient aucun modèle d'écriture. Pour suppléer à cette absence, nous avons préparé ce *Recueil de modèles*.

Si l'on veut que la leçon soit fructueuse, il est bon que tous les élèves fassent, en même temps, le même modèle. La leçon est exposée au tableau noir, puis on procède aux corrections générales et ensuite aux corrections individuelles.

L'enseignement de l'écriture ainsi compris sera raisonné et plein de profit. Bien que les éléments de la leçon soient tracés au tableau noir, il est bon que l'enfant ait sous les yeux un excellent modèle calligraphié. On trouvera dans notre opuscule, avec l'exposé des principes, le modèle approprié.

Notre méthode fait dériver toutes les lettres minuscules du *bâton* et de l'*o*, toutes les majuscules, de l'ovale. Nous n'insistons pas sur la simplicité de cette méthode, mais les maîtres et les élèves constateront, dès les premières leçons, les avantages qu'elle présente.

A. ANDRÉ.

ÉCRITURE CURSIVE

Tenue du corps.

Le corps doit être droit, la tête un peu inclinée de façon à ce que l'œil soit situé à o^m,3o environ du cahier. Le pied droit est d'aplomb sous le corps, le pied gauche un peu en avant. L'avant-bras gauche porte sur la table, l'avant-bras droit n'y appuie que légèrement.

Défauts à éviter. — Le corps doit être tenu droit sans raideur. On doit s'asseoir bien d'aplomb. Les jambes ne seront ni croisées ni rejetées en arrière. La tête ne sera couchée ni sur le bras gauche ni sur le bras droit. La poitrine ne doit pas être appuyée sur la table.

Tenue de la plume.

Le porte-plume est tenu par le pouce, l'index et le majeur, tous les trois légèrement ployés. La main repose sur le cahier par l'extrémité du petit doigt. Il faut veiller à ce que le majeur ne soit pas rapproché de la plume, sinon il se couvre d'encre.

Défauts à éviter. — Les doigts ne doivent pas être courbés, mais légèrement ployés sans raideur. Il faut de l'aisance dans l'avant-bras droit et dans les doigts.

Tenue du cahier.

Le cahier doit être tenu presque droit; il est bon de l'incliner un peu à gauche.

Les doigts de la main gauche reposent sur le cahier et le font mouvoir à volonté.

Défauts à éviter. — Il ne faut pas trop écarter le bras gauche du corps ; la poitrine reposerait sur la table. Ne mettez pas l'avant-bras gauche en dehors de la table.

Corps d'écriture.

Le corps d'écriture est marqué par la hauteur des lettres ordinaires : *m, u, o, a.* Dans le gros, sur notre *cahier unique,* le corps d'écriture a 8ᵐᵐ. Dans le demi-gros, le corps d'écriture est de 4ᵐᵐ ; c'est l'intervalle compris, sur le cahier unique, entre une ligne pointillée et une ligne pleine.

Défauts à éviter. — Ne dépassez pas les deux lignes du corps d'écriture pour les lettres ordinaires ; mais tracez chaque lettre d'une ligne à l'autre.

Plein et délié.

Le *délié* est une ligne fine se traçant de bas en haut, sans que la plume appuie ; le *plein* est une ligne plus grosse, ayant partout la même largeur, se traçant de haut en bas ; la plume appuyant carrément sur le papier.

Pente de l'écriture.

La pente de l'écriture s'obtient en divisant le côté supérieur du carré en quatre parties ; on compte, à partir de la gauche, trois de ces parties ; on tire une ligne passant par le 3ᵉ point de division et par l'angle opposé du carré ; l'inclinaison de cette ligne détermine la pente de l'écriture.

ÉTUDE DES MINUSCULES

Principe.

Toutes les lettres minuscules dérivent du bâton et de l'*o*.

Il en résulte qu'il faut bannir les jambages pointus que font les enfants et les rondeurs qui ne se rapportent pas à l'ovale régulier.

I. — Le bâton et ses dérivés.

Le bâton est un plein régulier. Il est à rondeur inférieure dans l'*u*; à rondeur supérieure dans le premier jambage de l'*n*; à rondeur supérieure et inférieure dans le deuxième jambage.

Défauts à éviter. — Les *pleins* seront bien *réguliers*. — Les *rondeurs*, qui commencent ou terminent le bâton, doivent avoir la *même ouverture*. — Tous les bâtons à rondeurs se commencent par le délié du haut.

Le bâton et ses dérivés (*suite*).

L'*n* est composé d'un jambage à rondeur supérieure et d'un jambage à rondeurs supérieure et inférieure. — L'*m* a trois jambages.

Défauts à éviter. — Ne faites pas pointue la première rondeur de l'*n* et de l'*m*. — Espacez *régulièrement* les jambages.

II. — Lettres qui dérivent du bâton.

L'*u* est formé de deux bâtons à rondeur inférieure parallèles ; — l'*i* est le premier bâton de l'*u* surmonte d'un point situé demi-corps au-dessus de la ligne supérieure ; — le *t* est le premier bâton de l'*u* ayant un corps et demi. Il se barre sur la ligne supérieure.

Défauts à éviter. — Ne séparez pas trop les deux bâtons de l'*u*. — Mettez le point de l'*i* en face du bâton ; ce point a la grosseur d'un plein, c'est un défaut de le faire trop petit. Il ne faut pas l'oublier, surtout dans l'expédiée. — Le *délié* du *t* rencontre le plein sur la ligne supérieure.

Lettres qui dérivent du bâton *(suite)*.

L'*r* est formé du 2ᵉ jambage de l'*n* surmonté, à gauche, d'un bouton ayant un plein.
L'*r* (fin des mots) se compose du 1ᵉʳ jambage de l'*n* et de la première partie de l'*r* ordinaire.
Le *v* commence par le 2ᵉ jambage de l'*n* et se termine par un bouton sur la ligne supérieure.

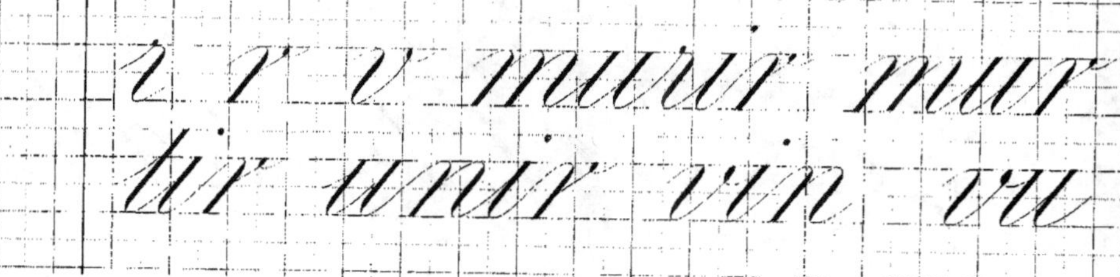

Défauts à éviter. — Les enfants ne grossissent qu'au milieu le jambage de l'*r* ordinaire. — Ils n'accentuent pas assez le bouton et ne le placent pas sur la ligne supérieure. — Les deux rondeurs du *v* doivent avoir la même ouverture. — Le dernier délié du *v* doit être assez concave pour être relié facilement à la lettre suivante.

III. — Lettres qui dérivent de l'o.

L'o est composé d'un ovale régulier et d'un bouton situé à un quart de corps de la ligne supérieure. La partie gauche est un plein. — L'a se compose d'un o et d'un bâton à rondeur inférieure.

Défauts à éviter. — Il faut fermer l'o. — Le bouton, qui a un plein, ne se place pas sur la ligne supérieure. — Le bâton de l'a ne doit pas être pointu en haut et il ne doit pas couper l'ovale.

Lettres qui dérivent de l'o (*suite*).

Le *c* est formé par la partie gauche de l'*o* en y comprenant le bouton.
L'*e* ressemble au *c;* mais le bouton est remplacé par un œilleton.
L'*x* est formé de deux *c* dont le premier est renversé.
L'*s* se compose d'un délié et d'un *c* renversé.

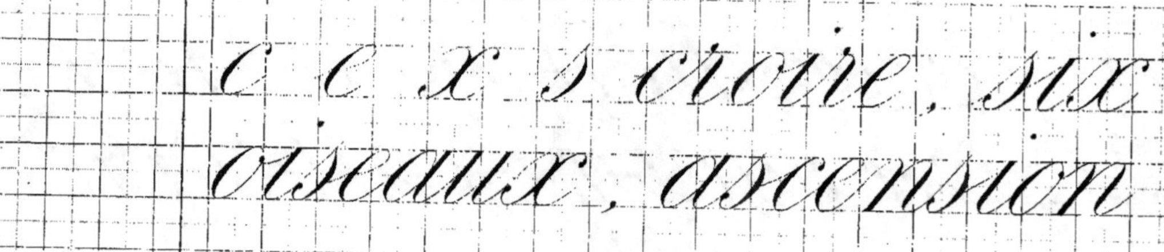

Défauts à éviter. — Un grand défaut est de faire l'œilleton de l'*e* trop grand ; il ne doit commencer qu'au milieu du corps d'écriture. Les deux *c* composant l'*x* doivent être bien symétriques ; le plein qui les réunit n'a que l'épaisseur d'un plein ordinaire. — Tous les boutons sont à un quart de corps de la ligne supérieure ou de la ligne inférieure.

Les lettres à tête ou à queue ont deux corps, sauf le *p* qui a deux corps et quart, le quart dépassant la ligne supérieure.

Le *d* est formé d'un *o* sans bouton et d'un bâton de deux corps, à rondeur inférieure.

Le *q* est composé d'un *o* et d'un bâton. Le *p* commence par un bâton et se termine par le 2ᵉ jambage de l'*n*.

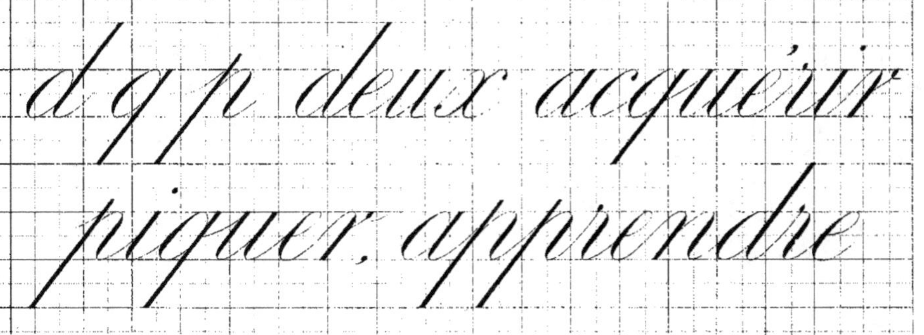

Défauts à éviter. — Le bâton des lettres à tête ou à queue doit être bien régulier ; cette régularité est difficile à obtenir à cause de la longueur du bâton.

APPLICATIONS

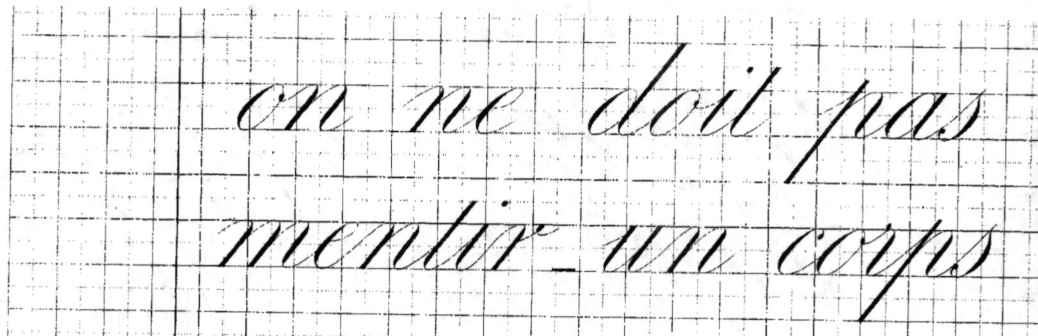

APPLICATIONS *(suite)*.

Pour que le plein soit régulier, il faut appuyer uniformément sur la plume.

aime et respecte

tes parents. x x s

APPLICATIONS *(suite).*

Mettez du papier buvard sous votre main gauche.

une promesse doit être sacrée_ or pur

APPLICATIONS *(suite).*

Ne vous mettez pas d'encre sur les doigts.

qui trop se diver-

tit s'ennuie. mot

APPLICATIONS *(suite)*.

Appliquez-vous à chaque lettre et écrivez lentement.

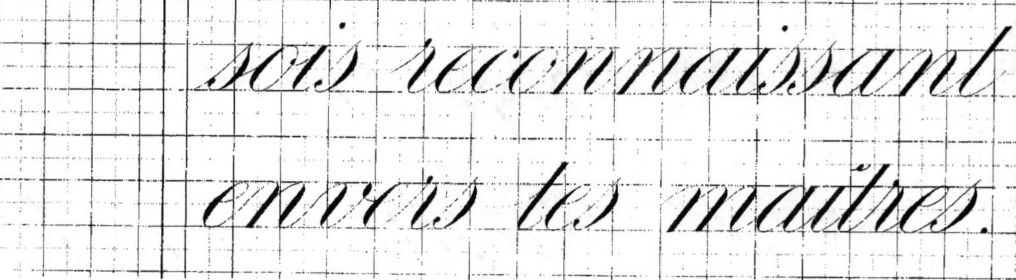

APPLICATIONS *(suite).*

Ne jouez pas avec votre porte-plume.

instruis-toi pour mieux te connaître

et pour mieux connaître ton devoir. o

APPLICATIONS (*suite*).

Ne prenez pas trop d'encre, vous feriez des taches.

aimer son père et sa mère est un
devoir sacré. — tu ne tueras point.

APPLICATIONS (*suite*).

Ne mordez pas dans votre porte-plume.

*toute moquerie est une persécution ; se
dévouer, c'est risquer sa vie pour autrui.*

APPLICATIONS *(suite)*.

Essuyez votre plume à un chiffon et non à vos vêtements.

prudence est mère de sûreté, patien

ce est mère de succès, patrie, devoir

APPLICATIONS *(suite)*.

Ne penchez pas votre porte-plume en prenant de l'encre.

une vie oisive est une mort anticipée.

ne sois pas vaniteux. 1.2.3.4.5.6.7.8.9.0.

APPLICATIONS *(suite)*.

Ne laissez pas votre cahier traîner sur les tables.

on n'emporte pas sa patrie avec soi.

sois prêt à mourir pour ta patrie.

médire sans dessein, c'est sottise ; médire avec intention, c'est

noirceur — une vérité qu'on nous dit nous cause autant de

peine que cent que nous disons à nous-même — pense

ce que tu dis et dis ce que tu penses — écoute ta conscience,

suis ses inspirations — qui ne doute de rien, ne sait rien.

APPLICATIONS *(suite)*.

quand on a peu de désirs, on a peu de privations . n

mieux vaut ne douter de rien que douter de tout . o

donne aux pauvres un morceau de ton pain . p

veux-tu qu'on pense à toi pense aux autres

V. — Lettres bouclées.

Les lettres bouclées ont deux corps et demi.

Lettres à boucle inférieure.

Le *j* est une boucle inférieure surmontée d'un point comme l'*i*.

Le *g* se compose d'un *o* et d'une boucle inférieure. L'*y* est composé du 2ᵉ jambage de l'*n* et d'une boucle inférieure.

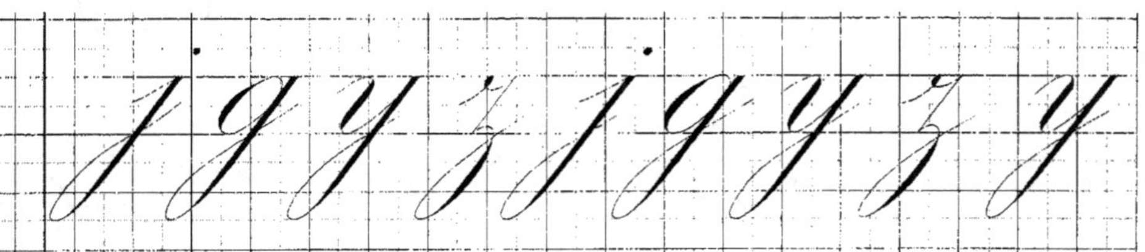

Défauts à éviter. — Ne pas oublier le point du *j*, ne pas faire la boucle pointue ; le délié doit couper le plein sur la ligne inférieure.

Lettres bouclées *(suite)*.

Pour bien faire les boucles, allongez les doigts avec souplesse.

jugement, justice

gypse, pain azyme

Lettres à boucle supérieure.

Le *z* commence par un *r* et se termine par une boucle inférieure.

L'*l* est un *j* sans point, renversé, dont la dernière partie est une rondeur inférieure.

Le *b* commence comme un *l* et se termine comme un *v*.

L'*h* est une boucle supérieure suivie de la 2ᵉ partie de l'*n*.

Le *k* commence comme l'*h*; la 2ᵉ partie commence par un *o* renversé et se termine par le 2ᵉ jambage de l'*n*.

L'*f* a quatre corps; il est la réunion de deux boucles dont les déliés sont à droite.

Défauts à éviter. — Ne pas placer le bouton du *b* au-dessous de la ligne supérieure. — La 2ᵉ partie du *k* est brisée au milieu. — Les deux boucles du *f* ont la même largeur.

Lettres bouclées (*suite*).

libre, alphabet, kilo-
gramme, affaiblir.

APPLICATIONS

cherche le bien et fuis

le mal _ force y j k.

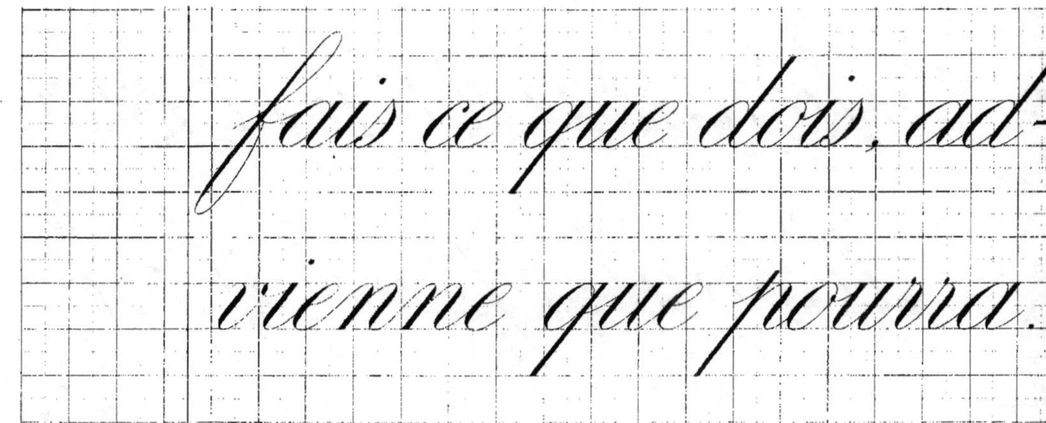

fais ce que dois, ad-
vienne que pourra.

APPLICATIONS *(suite).*

un bienfait n'est ja-
mais perdu — jamais.

APPLICATIONS *(suite)*.

la libéralité consiste moins à donner

beaucoup qu'à donner à propos . _

ce n'est pas obéir qu'obéir lentement

APPLICATIONS (*suite*).

les injures doivent s'écrire sur le

sable et les bienfaits sur l'airain.

APPLICATIONS *(suite)*.

qui sait se contenter de peu n

n'est pas pauvre. — sois économe.

APPLICATIONS (suite).

la grandeur de l'homme est dans son intelligence, réfléchis avant d'agir — sois prudent — f h t g l k

APPLICATIONS (suite).

le parti le plus honnête est toujours le plus sage.

ne cherchez pas à être grand, mais à être bon.

n'attribue qu'à toi seul les fautes que tu commets

les fautes des autres ne réparent pas les tiennes.

la vertu est la santé de l'âme. le vice en est la maladie

les injustices amoindrissent les petits caractères et élèvent

les grands . _ sou économisé en vaut deux . j g

la droiture du cœur est la source de la justesse de l'esprit .

rien n'est plus habile qu'une conduite irréprochable .

l'école est une famille dont l'instituteur est le père .

Laissons toujours passer la nuit sur l'injure de la

veille avant d'y répondre — la terre est stérile sans

labour et sans semence : l'intelligence est stérile sans

réflexion et sans application — ceux qui sauront re-

lever leur état n'envieront jamais celui des autres

le torrent n'entraîne que ceux qui veulent s'y prêter.

tout blesse le vaniteux, même le service qu'on lui rend.

quand on n'ose pas dire ce qu'on pense, on finit par

ne plus penser ce qu'on dit — c'est la lutte et non le

repos qui fait les forts — la fidélité est la probité du cœur.

la parole est d'argent et le silence est d'or ; mais le discernement qui permet de parler à propos est de diamant — il est plus aisé de réprimer la première fantaisie que de satisfaire toutes celles qui viennent ensuite — l'oreiller du méchant est plein d'épines.

ne perdez pas une heure, puisque vous n'êtes pas sûr

d'une minute — désire moins, tu auras davantage p q

sévérité bien ordonnée commence par soi-même — le

mérite se cache ; il faut l'aller trouver — fainéantise va

si lentement que pauvreté l'a bientôt attrapée ff q j h

on attend la vieillesse pour acquérir la vertu ; on

oublie que les fruits ne mûrissent pas sous la

neige — ne dénoncez jamais vos camarades ;

contentez-vous de les blâmer et faites mieux qu'

eux — qui fréquente les bons devient meilleur.

ÉTUDE DES MAJUSCULES

Principe

Toutes les majuscules dérivent de l'ovale ; elles ont deux corps et demi.

Jambage des majuscules.

On l'obtient avec deux ovales tangents.

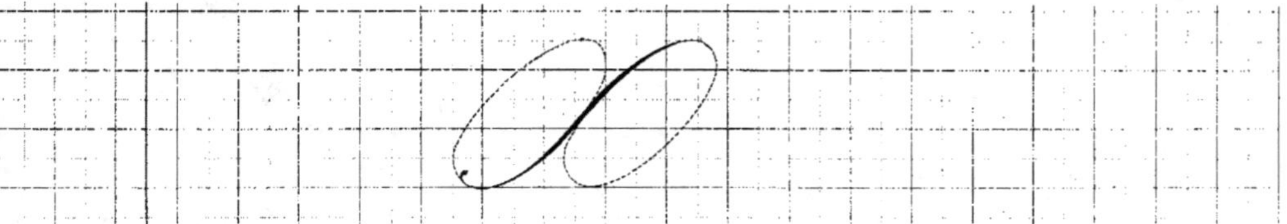

Dans les majuscules, les grands ovales ont deux corps et demi ; les petits ovales ont un corps.

ÉTUDE DES MAJUSCULES *(suite).*

I. — Groupe de lettres qui n'ont pas le jambage des majuscules.

Oloron, Calais, Amiens, O
Québec, Cambrai, Gironde,
Xaintrailles, Elbœuf, Quiberon,
Turenne, Valmy, Ussel, Yonne.

ÉTUDE DES MAJUSCULES *(suite)*.

II. — Groupe de lettres qui ont le jambage des majuscules.

Sens, Laon, Fougères, Poitiers, Ivry,
Jean le Bon, Henrion, Abdel Kader,
Bône, Richard Cœur de Lion, D
Niort, Nogent, M Mb Z W.

ÉTUDE DES MAJUSCULES *(suite)*.

L'*a* (première forme) se compose d'un *O* et d'un bâton à rondeur inférieure.

A vaillants cœurs

rien d'impossible.

L'*A* (deuxième forme) est formé d'un jambage de majuscule et de la 2ᵉ partie du *C*.

Aimez qu'on vous conseille et non pas qu'on vous loue.

4

ÉTUDE DES MAJUSCULES *(suite)*.

Le *B* a un jambage de majuscule et plusieurs parties d'ovale.

*Bien dire et bien penser ne sont rien sans bien faire ._

ÉTUDE DES MAJUSCULES (*suite*).

Le *C* est formé d'un petit ovale et de la moitié d'un grand ovale.
Le *C* comprend des parties de trois ovales.

Ceux-là font bien qui font ce qu'ils doivent — Chien hargneux a toujours l'oreille déchirée. C, C.

ÉTUDE DES MAJUSCULES *(suite)*.

Le *D* a un jambage de majuscule et deux parties d'ovale.
L'*E* se compose de parties d'ovales dont deux sont unies par un œilleton.

Du triomphe à la chute il

n'est souvent qu'un pas. D

Exister, c'est se rendre utile.

ÉTUDE DES MAJUSCULES (*suite*).

L'*F* se compose d'un jambage de majuscule et d'un petit ovale.
Le *G* est formé d'un *C* et d'un *J*.

Fuis pour un moment l'homme

colère, fuis pour toujours l'homme

dissimulé. — Gœthe a dit : « Une

vie oisive est une mort anticipée. »

ÉTUDE DES MAJUSCULES (*suite*).

L'*H* est formé d'un *I* et d'un *C* réunis. — L'*I* est formé d'un petit ovale et d'un jambage de majuscule unis par un œilleton.

Heureux celui qui goûte son devoir ; celui qui va de bon cœur à sa tâche de chaque jour.

Il est plus honteux de se défier de ses amis que d'en être trompé.

Le *J* procède de l'*I* et le *K* de l'*H*. — L'*L* comprend un petit ovale et un jambage de majuscule.

Jamais le sentiment de nos faiblesses ne doit nous jeter dans le découragement — Kant a dit : « Deux choses remplissent l'âme d'une admiration et d'un respect toujours renaissants, au-dessus de nous le ciel étoilé et au-dedans de nous la loi morale » L'école est une famille.

ÉTUDE DES MAJUSCULES (*suite*).

L'M procède de l'*A*. — *L'N* a deux jambages de majuscule suivis d'un petit ovale. — Le dernier jambage de l'*M* et de l'*N* procède du *T*.

Mauvaise langue, mauvais cœur.

Misère est compagne de procès.

Ni l'or, ni la grandeur ne nous rendent heureux.

Nul bien sans peine.

L'*O* comprend un grand ovale et un petit. — Le *P* ressemble beaucoup à l'*F*. — Le *Q* commence par un petit ovale et se continue par un demi-grand ovale. — L'*R* ressemble beaucoup au *B*.

Obéis à ta conscience et sois sans crainte.

Parle, mais parle bien et écoute de même.

Qui peut vivre infâme est indigne du jour.

Qui sert bien son pays n'a pas besoin d'aïeux.

Respecter l'indigence est un devoir suprême.

ÉTUDE DES MAJUSCULES *(suite)*.

L'*S* ressemble à L'. — Le *T* se compose d'un petit ovale relié par un œilleton par un demi-grand ovale. — L'*U* commence par un petit ovale. — Le *V* commence comme l'*U* et se termine comme le *v* minuscule.

Soyez doux et indulgent à tous, ne le soyez pas à vous-même. — Tu ne mentiras point. — Une grande âme est au-dessus de l'injure, de l'injustice, de la douleur, de la moquerie. — Voulez-vous qu'on dise du bien de vous ; n'en dites point.

ÉTUDE DES MAJUSCULES (*suite*).

L'*X* est composé de deux *C* dont le premier est renversé. — L'*Y* commence comme l'*U* et se termine comme le *j*.

Le *Z* commence comme le *T* et se termine comme le *q* minuscule.

Xerxès eut son innombrable flotte vaincue par les Grecs à Salamine.

Yanaon est une ville française dans l'Hindoustan.

Zanzibar est situé à l'Est de l'Afrique.

ÉCRITURE DROITE

L'écriture droite, comme son nom l'indique, est une écriture sans pente. Elle s'exécute le cahier droit, la tête droite, le corps droit.

On se sert, pour ce genre d'écriture, d'une plume dont les becs sont moins pointus que ceux de la plume ordinaire. Cette écriture ressemble beaucoup à l'écriture en ronde.

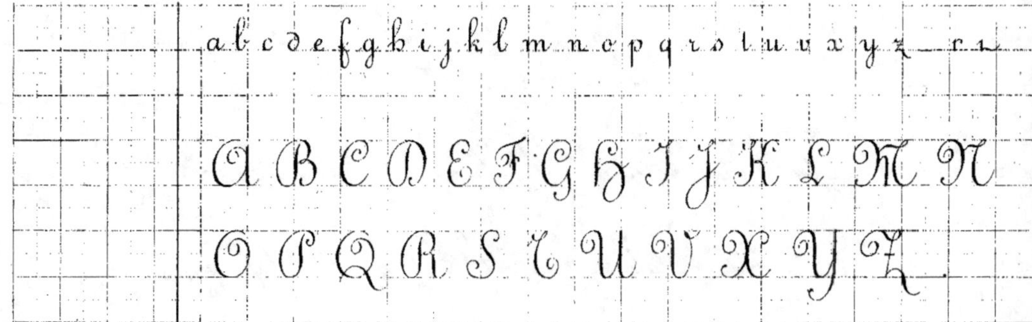

ÉCRITURE DROITE (suite).

Aime ta patrie ; sers la tous les jours de ta vie en

honnête homme et en bon citoyen.

La modestie ajoute au mérite.

L'argent est un bon serviteur et un mauvais maître.

ÉCRITURE RONDE

Nous donnerons moins d'explications pour la ronde et la bâtarde que pour la cursive. Nous pensons que la méthode suivie pour la cursive s'impose pour la ronde et la bâtarde. Pourquoi, dès lors, l'expliquer plusieurs fois.

Les applications données pour la cursive conviennent aussi à la ronde et à la bâtarde; c'est pourquoi les modèles sont moins nombreux dans la deuxième et dans la troisième parties de cet opuscule que dans la première.

Quand les élèves savent écrire, ils doivent faire, à chaque page : une ligne en grosse cursive, une ligne en moyenne cursive, quatre lignes en fine cursive, une ligne en ronde et une ligne en bâtarde.

A. A.

ÉCRITURE RONDE (*suite*).

L'écriture ronde s'exécute avec une plume spéciale. La hauteur du corps d'écriture est égale à 5 becs de plume :

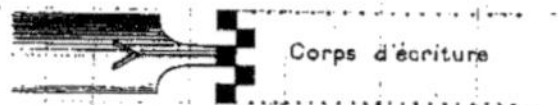

L'écriture ronde est droite ; elle n'a pas de pente.

Tenue du corps et de la plume.

Le corps est droit ; les deux coudes également éloignés du corps. Ils reposent tous les deux sur la table.

Les doigts sont légèrement arrondis ; le porte-plume est presque droit ; la main un peu renversée sur la droite.

Plein et délié.

Le plein se fait quand les deux parties du bec de la plume sont posées d'aplomb sur le papier.

Pour exécuter le délié, on se sert de la partie la plus longue du bec de la plume ; le porte-plume est alors presque perpendiculaire au papier.

ÉCRITURE RONDE *(suite)*.

Lettres qui dérivent du jambage.

Le délié de l'**u** s'arrête au milieu du corps d'écriture. — Le délié de l'**n** ou de l'**m** va jusqu'à l[a] ligne supérieure.

Le **t** a un corps et demi. — Le point de l'**i** se place un demi-corps au-dessus de la ligne supérieure.

ÉCRITURE RONDE (*suite*).

Lettres qui dérivent de l'*o*.

Pour exécuter l'**o** et ses dérivés, il faut laisser la plume tourner naturellement et ne pas faire la lettre **o** en deux fois. Le **d** a un corps et demi.

adversaire, acceuil

dix, excès, addition

tristesse, erreur, rv

ÉCRITURE RONDE (*suite*).

Lettres à queue et lettres à boucle inférieure.

Les lettres à queue ont deux corps ; les lettres bouclées ont deux corps et demi.

ÉCRITURE RONDE *(suite)*.
Lettres à boucle supérieure.

lll bbb hhh kkkk

ff ff fils, affaire

1 2 3 4 5 6 7 8 9 0 .

ÉCRITURE RONDE (*suite*).

Majuscules.

Les majuscules ont deux corps et demi.

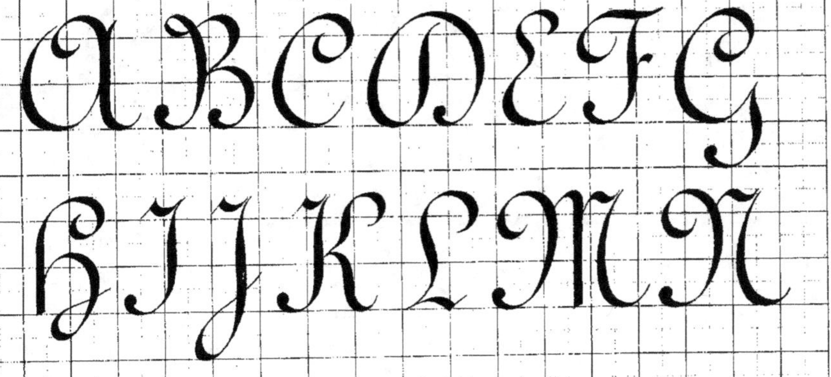

L'écriture ronde sert à faire les titres et les sous-titres. On s'en sert aussi pour les affiches ; l'écrituronde est facile à lire de loin.

ÉCRITURE BATARDE

Comme son nom l'indique, la bâtarde tient de la cursive et de la ronde; elle est penchée, comme la cursive, et s'exécute avec une plume de ronde.

La hauteur du corps d'écriture est égale à 7 becs de plume.

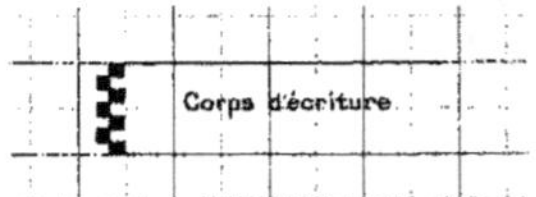

La tenue du corps et de la plume est la même que pour la cursive.

Pleins et déliés.

Pour faire le plein, le bec de la plume repose d'aplomb sur le papier, sans que les deux parties du bec soient écartées. — Pour faire le délié, il suffit de tourner légèrement la plume avec le pouce.

ÉCRITURE BATARDE *(suite)*.

Lettres qui dérivent du jambage.

La bâtarde est un peu moins penchée que la cursive.

i u m r i u n m r

un, munir, uni, mur

murir, muni, nu.

ÉCRITURE BATARDE (*suite*).

Lettres qui dérivent de l'o.

Le **d** a un corps et demi.

ooo, ccc, ddd, aaa

xxx, eee, ooo, sss.

ÉCRITURE BATARDE *(suite)*.

vendre, avoir, assez,

occasion, excès, accès,

une dure saison.

ÉCRITURE BATARDE (*suite*).

Lettres à tête et à queue.

Le *t* a un corps et demi. — L'*f* a quatre corps. — Les autres lettres ont deux corps et demi.

ÉCRITURE BATARDE (suite).

les égyptiens, kilogr.

équinoxe, bijou, affiche

ÉCRITURE BATARDE *(suite).*

Majuscules.

Les majuscules ont deux corps et demi.

A A B C D E F

G H I J K L M N

ÉCRITURE BATARDE (suite).

O P Q R R S T

U V W X Y Z.

Cahiers préparés d'Écriture, sans

modèles gravés, avec réglure indiquant : le corps d'écriture,
la longueur des lettres à boucles et les lignes de pente.

5 cahiers (*couverture brique*). Le cahier in–4°. » **10**
— — — Le cent. . . . . . **9** »

Cahiers avec modèles et gravures,

trois modèles à la page (*Méthode Marchand*), avec réglure
indiquant : le corps d'écriture, la longueur des lettres à
boucles et les lignes de pente.

11 cahiers (*couverture bleue*). Le cahier in-4°. . » **10**
— — — Le cent. **9**

9 782329 698878